Tous ensemble 2

Vokabellernheft

Ernst Klett Verlag
Stuttgart Leipzig

Vorwort

Vokabeln lernen mit dem Vokabellernheft

Dieses Vokabellernheft im Taschenformat soll dich weiterhin begleiten und dir dabei helfen, auch den Lernwortschatz von *Tous ensemble* 2 zu wiederholen.
Du kannst dich damit in Pausen oder im Bus auch auf Vokabeltests vorbereiten. Die wichtigsten Lösungen (nicht alle!) findest du zum Nachschlagen ab Seite 55.
Am besten hast du beim Lernen immer einen Bleistift zur Hand. So kannst du Wörter markieren, die du schwierig oder seltsam findest und jederzeit die Übungen machen.

Kurz zur Erinnerung: ✎ Am Ende einer *Leçon* gibt es einen Teil zum Hineinschreiben. Hier geht es darum, das Gelernte selbst zu ordnen und zu wiederholen. So kannst du die Wörter viel besser behalten.
Viele finden solche Wörtchen wie *devant*, *déjà* oder *puis* besonders schwierig. Deshalb wirst du immer mal wieder aufgefordert, diese „verflixten kleinen Wörter" aufzuschreiben.

Manche Wörter kann man sich leichter merken, manche schwerer. Das ist ganz normal. Am Ende einer *Leçon* wirst du gefragt, welche Wörter dir immer wieder Schwierigkeiten machen, sei es beim Behalten oder beim Aussprechen. Schreibe sie auf und wiederhole sie in regelmäßigen Abständen. So kannst du die besonders Widerspenstigen in den Griff bekommen. Notiere auch, welche Wörter du „komisch" oder „interessant" findest!

Weiterhin
Bon courage! [1]

Dein *Tous ensemble*-Team

---

[1] Gutes Gelingen
… aber das wusstest du sicher noch aus Bd 1, :-))

LEÇON 1

TIPP: Wenn du einmal warten musst (beim Arzt/an der Bushaltestelle), nütze die Zeit zum Wörterlernen.

Pont d'Arc [pɔ̃daʀk]	Ort im Tal der Ardèche
Biarritz [bjaʀits]	Stadt an der Atlantikküste
La Bresse [labʀɛs]	Stadt in den Vogesen
Saint-Malo [sɛ̃malo]	Ort in Nordfrankreich
Grenoble [gʀənɔbl]	frz. Stadt am Alpenrand
Méribel [meʀibɛl]	Ort in den frz. Alpen
Toulouse [tuluz]	Stadt in Südfrankreich
Donneville [dɔnvil]	Dorf bei Toulouse

D'abord: En France, le sport, on adore!

le **sport** [ləspɔʀ]	(der) Sport/die Sportart
les **vacances** *(f., pl.)* [levakɑ̃s]	die Ferien/der Urlaub
un **camp de vacances** [ɛ̃kɑ̃dəvakɑ̃s]	ein Ferienlager
l'**athlétisme** *(m.)* [latletism]	(die) Leichtathletik
faire de l'athlétisme [fɛʀdəlatletism]	Leichtathletik machen
le **rugby** [ləʀygbi]	das Rugby(-Spiel)
faire de la voile [fɛʀdəlavwal]	segeln
un **VTT** [ɛ̃vetete]	ein Mountainbike
un **vélo** [ɛ̃velo]	ein Fahrrad
faire du VTT [fɛʀdyvetete]	Mountainbike fahren
le **surf** [ləsœʀf]	das Surfen
le **canoë** [ləkanɔe]	das Kanu/der Kanusport
le **ski** [ləski]	der Ski/das Skifahren
un **dessin** [ɛ̃desɛ̃]	eine Zeichnung
un **cheval**/des **chevaux** [ɛ̃ʃ(ə)val/deʃ(ə)vo]	ein Pferd/Pferde
faire du cheval [fɛʀdyʃ(ə)val]	reiten
le **handball** [ləɑ̃dbal]	Handball/das Handballspiel
le **judo** [ləʒydo]	Judo/der Judosport

LEÇON 1

le **shopping** [lɔʃopiŋ]	das Shoppen/Einkaufen
faire du shopping *(fam.)* [fɛRdyʃɔpiŋ]	einkaufen gehen/shoppen gehen *(ugs.)*
la **danse** [ladɑ̃s]	der Tanz/das Tanzen
la **natation** [lanatasjɔ̃]	das Schwimmen
le **tennis** [lɔtɛnis]	das Tennis/der Tennissport
faire du sport [fɛRdyspɔR]	Sport treiben

Au camp de vacances

passer (les/ses vacances) [pasele/sevakɑ̃s]	(die Ferien) verbringen
un **camping** [ɛ̃kɑ̃piŋ]	ein Campingplatz
faire du camping [fɛRdykɑ̃piŋ]	campen/zelten
un **jeune**/une **jeune**/des **jeunes** [ɛ̃ʒœn/ynʒœn/deʒœn]	ein Jugendlicher/eine Jugendliche/Jugendliche
intéresser qn [ɛ̃teRese]	jdn. interessieren
Ça vous intéresse? [savuzɛ̃tɛRɛs]	Interessiert euch/Sie das?
Je ne te comprends pas. [ʒənətəkɔ̃pRɑ̃pa]	Ich verstehe dich nicht.
C'est nul. *(fam.)* [sɛnyl]	Das ist doof/blöd/öde. *(ugs.)*
en canoë [ɑ̃kanɔe]	mit dem Kanu
un **groupe** [ɛ̃gRup]	eine Gruppe
au bord de … [obɔRdə]	am Ufer (der/des …)
nager [naʒe]	schwimmen
enfin [ɑ̃fɛ̃]	endlich/schließlich
aller chercher qc [aleʃɛRʃe]	etw. holen(gehen)/suchen
une **tente** [yntɑ̃t]	ein Zelt
un **maillot de bain** [ɛ̃majodəbɛ̃]	eine Badehose/ein Badeanzug/ein Bikini
un **pantalon** [ɛ̃pɑ̃talɔ̃]	eine Hose
une **jupe** [ynʒyp]	ein Rock

Atelier

2	**Bon, ...** [bō]	Gut, .../Also, ...
4	**Ça m'est égal.** [samɛtegal]	Das ist mir egal.
	le **hip-hop** [ləipɔp]	der Hip-Hop

✎ Du hast in dieser *Leçon* drei Kleidungsstücke kennen gelernt. Notiere die französischen Bezeichnungen mit dem unbestimmten Artikel und zeichne dann die Kleidungsstücke.

_____

_____

_____

✎ Kennst du noch andere Kleidungsstücke? Notiere sie.

_____

_____

✎ Welche Wörter kennst du, die mit dem Sachfeld *faire du sport* zu tun haben? Notiere acht Sportarten.

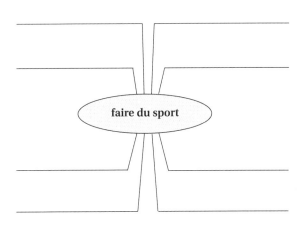

✎ Markiere mit einem farbigen Stift die Sportarten, die du gut findest.

✎ Übersetze die Verben.

wir schwimmen _____

sie sucht/holt etw. _____

ich gehe einkaufen _____

sie campen _____

ihr treibt Sport _____

LEÇON 1

Was sagst du wenn, …

– du deine Freundin/deinen Freund nicht verstehst?

_____

– dir etwas egal ist?

_____

– du etwas blöd findest?

_____

– du wissen willst, ob deine Freunde/Freundinnen etwas interessiert?

_____

Was passt zusammen? Verbinde die Wörter zu sinnvollen Ausdrücken.

passer   du shopping

aimer   le camping

faire   les vacances

Suche aus der *Leçon* vier Wörter heraus, die aus dem Englischen ableitbar sind. Zum Beispiel: *une tente – a tent*

_____   _____

_____   _____

_____   _____

_____   _____

LEÇON 1

Diese Wörter fand ich in *Leçon 1* besonders …

schwer zu merken	schwer zu schreiben	leicht zu lernen

Wie heißt das Wort? Ergänze die fehlenden Buchstaben und den unbestimmten Artikel.

_____ te_te

_____ va_anc_s

_____ c_eval

_____ dessi_

_____ v_lo

_____ gr_up_

LEÇON 2

TIPP: *Wenn du einem Mitschüler/einer Mitschülerin über das Handy eine Nachricht schickst, hänge am Schluss fünf deutsche Wörter aus der Lektion dran, er/sie muss dann mit der Antwort die französischen Entsprechungen und natürlich auch fünf Wörter auf Deutsch für dich zum Üben schicken.*

D'abord: Un blessé à Saint-Malo

un **blessé**/une **blessée** [ɛ̃blɛse/ynblɛse]	ein Verletzter/eine Verletzte
un/une **commissaire** [ɛ̃/ynkɔmisɛʀ]	ein Kommissar/eine Kommissarin
un **petit-déjeuner** [ɛ̃p(ə)tideʒøne]	ein Frühstück
prendre son petit-déjeuner [pʀɑ̃dʀsɔ̃p(ə)tideʒøne]	frühstücken
un **fils** [ɛ̃fis]	ein Sohn
un **rocher** [ɛ̃ʀɔʃe]	ein Fels/Felsen
hier [jɛʀ]	gestern
Des touristes ont trouvé un blessé. [deturistɔ̃tʀuveɛ̃blɛse]	Touristen haben einen Verletzten gefunden.
la **police** [lapɔlis]	die Polizei
une **enquête** [ynɑ̃kɛt]	eine Untersuchung/Ermittlung
Je sais. [ʒəsɛ]	Ich weiß.
voler qc [vɔle]	etw. stehlen

A A l'hôpital

interroger qn [ɛ̃teʀɔʒe]	jdn. befragen/vernehmen
pour (faire qc) [puʀ]	um (etw. zu tun)
Pas très bien. [patʀɛbjɛ̃]	Nicht sehr gut.
la **jambe** [laʒɑ̃b]	das Bein
le **dos** [lədo]	der Rücken
une **dispute** [yndispyt]	ein Streit/eine Meinungsverschiedenheit

LEÇON 2

Puis, il y a eu une dispute. [pɥiiljayyndispyt]	Dann gab es einen Streit.
pousser qn [puse]	jdn. stoßen/schubsen
Ils m'ont poussé. [ilmõpuse]	Sie haben mich gestoßen/geschubst.
Aïe! [aj]	Aua!
J'ai mal! [ʒemal]	Das tut mir weh!
déranger qn [deʀɑ̃ʒe]	jdn. stören
une **voiture** [ynvwatyʀ]	ein Auto
un **collègue**/une **collègue** [ɛ̃kɔlɛg/ynkɔlɛg]	ein Kollege/eine Kollegin
bizarre [bizaʀ]	komisch/seltsam

Atelier

3	**avoir un 19 sur 20 en maths** [avwaʀdiznœfsyʀvɛ̃]	(ein) Sehr gut (= 19 von 20 Punkten) haben
4	**Pas mal!** [pamal]	Ganz gut!/Nicht schlecht!
	une **dent** [yndɑ̃]	ein Zahn
	un **bras**/des **bras** [ɛ̃bʀɑ/debʀɑ]	ein Arm/Arme
	une **main** [ynmɛ̃]	eine Hand
	le **ventre** [ləvɑ̃tʀ]	der Bauch
	les **fesses** *(f.)* [lefɛs]	der Po/Hintern
	un **pied** [ɛ̃pje]	ein Fuß

B Une lettre anonyme

une **lettre** [ynlɛtʀ]	ein Brief
anonyme [anɔnim]	anonym; *hier:* ohne Absender
une **porte** [ynpɔrt]	eine Tür
un **commissariat de police** [ɛ̃kɔmisaʀjadəpɔlis]	ein Polizeirevier/eine Polizeistation
vers [vɛʀ]	gegen *(zeitlich)*
je suis allé(e)	ich bin gegangen
la **mer** [lamɛʀ]	das Meer
monter [mõte]	hinaufgehen/hinaufsteigen
une **plage** [ynplaʒ]	ein Strand
derrière [dɛʀjɛʀ]	hinter

LEÇON 2

partager qc [paʀtaʒe]	etw. teilen
entre [ɑ̃tʀ]	zwischen
sans [sɑ̃]	ohne
arrêter qn [aʀɛte]	*hier:* jdn. festnehmen
un **ami**/une **amie** [ɛ̃nami/ynami]	ein Freund/eine Freundin
la **vérité** [laveʀite]	die Wahrheit

C Enfin la vérité!

un **jour** [ɛ̃ʒuʀ]	ein Tag
ne … pas encore [nə…pa(z)ɑ̃kɔʀ]	noch nicht
un **voleur**/une **voleuse** [ɛ̃vɔlœʀ/ynvɔløz]	ein Dieb/eine Diebin
une **fois** [ynfwa]	einmal
raconter qc [ʀakɔ̃te]	etw. erzählen
accuser qn [akyze]	jdn. beschuldigen/anklagen
entre toi et moi [ɑ̃tʀətwaemwa]	zwischen dir und mir
ne … rien [nə…ʀjɛ̃]	nichts
Il n'a rien fait. [ilnaʀjɛ̃fɛ]	Er hat nichts getan.
quitter qn [kite]	jdn. verlassen/sitzen lassen
Tu m'as quitté. [tymakite]	Du hast mich sitzen lassen.
retrouver qn [ʀətʀuve]	jdn. (wieder) treffen
à cause de qn/qc [akozdə]	wegen jdm./etw.
à cause de toi [akozdə]	wegen dir/deinetwegen
paniquer [panike]	in Panik geraten
laisser qn/qc [lɛse]	jdn./etw. lassen/zurücklassen
la **peur** [lapœʀ]	die Angst
avoir peur de qn/qc [avwaʀpœʀ]	Angst vor jdm./etw. haben
Tu as eu peur pour ton copain. [tyaypœʀpuʀtɔ̃kɔpɛ̃]	Du hast Angst um deinen Freund bekommen.

Atelier

7   la **Bretagne** [labʀətaɲ]   *Region in Westfrankreich*

LEÇON 2

✎ Kennzeichne alle männlichen Nomen mit blauem und alle weiblichen Nomen mit rotem Textmarker.

✎ Welches Wort tanzt aus der Reihe? Markiere es.

un fils   un rocher   une voiture   un jour

déranger   bizarre   pousser   monter

une main   une jambe   un bras   une porte

derrière   une fois   devant   entre

✎ Notiere die fehlenden Körperteile mit ihrem bestimmten Artikel.

✎ Notiere zu den angegebenen Nomen passende Verben.

le petit-déjeuner → _____

un voleur → _____

la peur → _____

LEÇON 2

✎ Vervollständige das Vokabelnetz zum Sachfeld *la police*.

```
        la police
           |
    ┌──────┴──────┐
           |
     le commissaire
    ╱   ╱   ╲   ╲
```

✎ Vervollständige die Tabelle mit der fehlenden männlichen beziehungsweise weiblichen Form des Nomens.

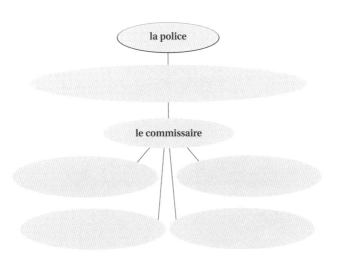

un ami	
	une collègue
	une blessée
un voleur	

LEÇON 2

✎ **Kreuze die richtigen Antworten an.**

Was sagst du, wenn dir etwas weh tut?

☐ Je sais.

☐ J'ai mal.

Was erwiderst du auf die Frage «*Comment ça va?*», wenn es dir nicht sehr gut geht?

☐ Pas très bien.

☐ Il n'a rien fait.

Was sagst du, wenn du wissen willst, ob du deine Eltern störst?

☐ Ça va?

☐ Je vous dérange?

✎ **Die verflixten kleinen Wörter. Übersetze sie.**

ohne _____

zwischen _____

hinter _____

gestern _____

gegen *(zeitlich)* _____

wegen dir _____

einmal _____

LEÇON 2

✎ In dieser *Leçon* lernst du viele neue Verben. Markiere sie mit einem gelben Textmarker. Notiere fünf Verben, die du dir nicht so gut merken kannst, und übersetze sie.

_____   _____

_____   _____

_____   _____

_____   _____

_____   _____

✎ Ergänze die fehlenden französischen Wörter.

Yann ist **der Sohn** von Frau Le Gall.

Yann est _____ de Mme Le Gall.

Willst du **einen Streit mit Mama**?

Tu veux _____ ?

Anne **möchte nicht essen**.

Anne _____ .

Das **ist die Wahrheit**.

C' _____ .

Alex **beschuldigt** Frédéric **in einem anonymen Brief**.

Alex _____ Frédéric _____

_____ .

LEÇON 3

TIPP: *Gönne dir nach dem Wörterlernen eine kleine Belohnung, z. B. dein Lieblingslied anzuhören, deine Freundin/deinen Freund anzurufen, etwas zu naschen.*

D'abord: Question de look!

le **look** [ləluk]	der Look
une **ville** [ynvil]	eine Stadt
en ville [ɑ̃vil]	in der/die Stadt
vert/verte [vɛʀ/vɛʀt]	grün
C'est trop nul! [sɛtʀonyl]	Das ist zu/total doof!
une **chaussure** [ynʃosyʀ]	ein Schuh
à 30 € [atʀɑ̃tøʀo]	zu 30 €
Ouais! *(fam.)* [wɛ]	Ja! *(ugs.)*
une **minijupe** [yniniʒyp]	ein Minirock
rouge/rouge [ʀuʒ/ʀuʒ]	rot
noir/noire [nwaʀ/nwaʀ]	schwarz
gris/grise [gʀi/gʀiz]	grau
bleu/bleue [blø/blø]	blau
jaune/jaune [ʒon/ʒon]	gelb
blanc/blanche [blɑ̃/blɑ̃ʃ]	weiß
un **T-shirt** [ɛtiʃœʀt]	ein T-Shirt
un **jean** [ɛ̃dʒin]	eine Jeans
un **anorak** [ɛ̃anɔʀak]	ein Anorak
une **chaussette** [ynʃosɛt]	ein Strumpf/eine Socke
porter qc [pɔʀte]	etw. tragen

A Le shopping avec Marine

les **soldes** *(m.)* [lesɔld]	der Ausverkauf/Schlussverkauf
un **prix**/des **prix** [ɛ̃pʀi/depʀi]	ein Preis/Preise
intéressant/intéressante [ɛ̃teʀesɑ̃/ɛ̃teʀesɑ̃t]	interessant; *hier:* günstig
les **affaires** *(f., pl.)* [lezafɛʀ]	die Sachen
faire une affaire/des affaires [fɛʀynafɛʀ/dezafɛʀ]	(ein) Schnäppchen machen/ etw. günstig einkaufen

LEÇON 3

fantastique/fantastique [fɑ̃tastik]	toll/fantastisch
pendant [pɑ̃dɑ̃]	während
pendant des heures [pɑ̃dɑ̃dezœʀ]	stundenlang
un **vêtement**/des **vêtements** [ɛ̃vɛtmɑ̃/devɛtmɑ̃]	ein Kleidungsstück/Kleider
sympa/sympa [sɛ̃pa]	*hier:* toll/schön
un **magasin** [ɛ̃magazɛ̃]	ein Geschäft/Laden
voir qn/qc [vwaʀ]	jdn./etw. sehen
une **robe** [ynʀɔb]	ein Kleid
la **3ᵉE** [latʀwazjɛmø]	die Klasse 3 E
Oh non, pas elle! *(fam.)* [ɔnõpaɛl]	Oh nein, bloß nicht die schon wieder! *(ugs.)*
Tiens. [tjɛ̃]	Sieh mal einer an.
énervé/énervée [enɛʀve]	genervt
idiot/idiote [idjo/idjɔt]	idiotisch/blöd/doof
essayer qc [esɛje]	etw. anprobieren/versuchen
génial/géniale/géniaux/géniales [ʒenjal/ʒenjal/ʒenjo/ʒenjal]	genial/toll/super
la **couleur** [lakulœʀ]	die Farbe
plaire à qn [plɛʀ]	jdm. gefallen
aller à qn [ale]	jdm. passen/stehen
Elles te vont super bien. *(fam.)*	Sie passen/stehen dir supergut. *(ugs.)*
cher/chère [ʃɛʀ]	teuer
promettre à qn de faire qc [pʀɔmɛtʀ]	jdm. versprechen etw. zu tun
Promis! [pʀɔmi]	Versprochen!

Atelier

3	**Debout!** [dəbu]	Aufstehen!
4	un **sac à dos** [ɛ̃sakado]	ein Rucksack
5	**Bon, je te laisse!** [bõʒətəlɛs]	*hier:* Also, soviel für heute!

LEÇON 3

B Les nouvelles chaussures

nouveau/nouvel/nouvelle/ nouveaux/nouvelles [nuvɔ/ nuvɛl/nuvɛl/nuvo/nuvɛl]	neu
ce/cet/cette/ces [sə/sɛt/sɛt/se]	dieser/diese/dieses
cet après-midi [sɛtapʀɛmidi]	heute Nachmittag
grand/grande [gʀɑ̃/gʀɑ̃d]	groß
facile/facile [fasil]	leicht
une **glace** [ynglas]	ein Spiegel
petit/petite [p(ə)ti/p(ə)tit]	klein
un **clown** [ɛ̃klun]	ein Clown
des **chaussures** *(f.,pl.)* de **clown** [deʃosyʀdəklun]	Clownschuhe
une **petite peste** [ynp(ə)titpɛst]	eine Nervensäge
refermer qc [ʀəfɛʀme]	etw. wieder schließen
avoir raison [avwaʀʀɛzɔ̃]	Recht haben
moche/moche [mɔʃ]	hässlich
beau/bel/belle/beaux/ belles [bo/bɛl/bɛl/bo/bɛl]	schön/hübsch

Atelier

4

le **petit copain**/la **petite copine** [ləp(ə)titkɔpɛ̃/ lap(ə)titkɔpin]	der Freund/die Freundin (mit dem man „geht")
C'est moi … [sɛmwa]	Ich *(betont)* bin …
une **carte** [ynkaʀt]	eine Karte
des **cadeaux** *(m., pl.)*	Geschenke

C Charlotte, tu m'as promis!

Si. [si]	Doch. *(Antwort auf eine verneinte Frage)*
Tu veux rigoler un peu? *(fam.)* [tyvøʀigɔleɛ̃pø]	Willst du mal was zu lachen haben? *(ugs.)*
Et alors? [ealɔʀ]	Na/Ja und?
Quoi? [kwa]	Was?

LEÇON 3

tourner qc [tuʀne]	etw. drehen/umdrehen
un **look d'enfer** [ɛ̃lukdɑ̃fɛʀ]	ein Wahnsinnslook
vrai/vraie [vʀɛ]	wahr
Ce n'est pas vrai! [s(ə)nɛpavʀɛ]	Das darf doch wohl nicht wahr sein!
le **même**/la **même**/les **mêmes** [ləmɛm/lamɛm/lemɛm]	derselbe/dieselbe/dasselbe/dieselben
Vous savez quoi? [vusavekwa]	Wisst ihr was?
ne … plus [nə…ply]	nicht mehr
en avoir marre de qc *(fam.)* [ɑ̃navwaʀmaʀdə]	die Nase von etw. voll haben *(ugs.)*
Je ne veux plus te voir! [ʒənəvøplytəvwaʀ]	Ich will/kann dich nicht mehr sehen!/Geh mir aus den Augen!
expliquer qc à qn [ɛksplike]	jdm. etw. erklären
Je vais t'expliquer! [ʒəvɛtɛksplike]	Ich kann dir das erklären!

Atelier

2	la **mode** [lamɔd]	die Mode
	être à la mode [ɛtʀalamɔd]	modern sein/sich modisch kleiden
3	**Mademoiselle** [madmwazɛl]	*Anrede für eine junge Frau*
	désirer qc [deziʀe]	etw. wünschen
	la **taille** [latɑj]	die (Körper-)Größe
	Quelle est votre taille? [kɛlɛvɔtʀtɑj]	Welche Größe haben Sie?
	la **pointure** [lapwɛ̃tyʀ]	die (Schuh-)Größe
	Quelle est votre pointure?	Welche Schuhgröße haben Sie?
	une **cabine** [ynkabin]	eine Umkleidekabine
	s.v.p. = **s'il vous plaît**. [silvuplɛ]	bitte
	en ce moment [ɑ̃səmɔmɑ̃]	zurzeit
	exactement [ɛgzaktəmɑ̃]	genau
	coûter [kute]	kosten
	une **caisse** [ynkɛs]	eine Kasse
	une **vitrine** [ynvitʀin]	ein Schaufenster

LEÇON 3

Was passt zusammen? Verbinde die Wörter zu sinnvollen Ausdrücken und übersetze sie anschließend.

être   une affaire   _____

_____

faire   raison   _____

avoir   à la mode   _____

Kennst du noch andere Verbindungen mit *avoir* und *faire*? Siehe in der *Liste des mots* nach. Notiere vier.

avoir: _____

_____

faire: _____

_____

Notiere die französischen Farbadjektive mit einem Farbstift in der „richtigen" Farbe, z. B. *noir* mit einem *schwarzen* Stift.

noir _____   _____

_____   _____

_____   _____

_____   _____

Für welche Farben hast du keinen passenden Farbstift?

_____

LEÇON 3

Welche Verben verstecken sich hinter dem Buchstabensalat?

o	r	i	v		
l	p	r	e	i	a
y	r	e	e	s	s a

_____

_____

_____

In dieser *Leçon* lernst du viele neue Adjektive kennen. Markiere sie mit einem Textmarker. Notiere und übersetze anschließend …

– drei Adjektive, bei denen die männliche und weibliche Form gleich ist:

_____

_____

_____

– drei Adjektive, bei denen die weibliche Form im Singular ein *–e* am Ende erhält:

_____

_____

_____

– zwei unregelmäßige Adjektive:

_____

_____

LEÇON 3

Die verflixten kleinen Wörter. Übersetze.

während _____

zurzeit _____

heute Nachmittag _____

stundenlang _____

Erinnerst du dich noch an die *mots-images*?

Ein *mot-image* ist die Verbindung eines geschriebenen Wortes mit einer bildlichen Darstellung der Bedeutung des gleichen Wortes.
Zum Beispiel: un citron

Fertige einige *mots-images* von folgenden Wörtern an:

grand/petit

une glace

un clown

Suche weitere Wörter/Ausdrücke aus dem Vokabular bis *Leçon* 3 heraus und gestalte sie als *mots-images*.

✎ Welche Kleidungsstücke hast du heute an? Notiere sie.
Gib auch an, welche Farben sie haben.
Zum Beispiel: *Je porte une jupe blanche …*

_____

_____

_____

_____

_____

_____

✎ Kennst du noch andere Kleidungsstücke?
Notiere mindestens drei.

_____

_____

_____

✎ Welche Wörter kennst du, die mit dem Sachfeld *le magasin*
zu tun haben? Nenne mindestens vier.

le magasin

LEÇON 3

Was sagt man in folgenden Situationen? Notiere.

Was fragt die Verkäuferin, wenn sie wissen will, …

– was der Kunde wünscht?

_____

_____

– welche Kleidergröße die Kundin/der Kunde hat?

_____

– welche Schuhgröße die Kundin/der Kunde hat?

_____

Was fragt die Kundin, wenn sie wissen will, …

– was diese Hose kostet?

_____

– ob ihr das Kleid steht?

_____

Wiederhole die Vokabeln der *Leçon 3* noch einmal. Notiere hier die Wörter oder Ausdrücke, die du noch nicht gut kannst. Wiederhole sie morgen.

_____

_____

_____

LEÇON 4

TIPP: *Schreibe die französischen Wörter/ Wendungen, die für dich in einer Lektion wichtig sind, mit ihren deutschen Entsprechungen auf dem Computer, drucke sie aus und hänge sie an einer Stelle auf, an der du oft vorbeikommst.*

D'abord: Un petit-déjeuner dans la famille Marot

une **famille** [ynfamij]	eine Familie
Grenoble [gʀənɔbl]	*frz. Stadt am Rande der Alpen*
le **pain** [ləpɛ̃]	das Brot
la **confiture** [lakɔ̃fityʀ]	die Konfitüre
des **céréales** *(f., pl.)* [deseʀeal]	Cornflakes/Müsli
le **lait** [ləlɛ]	die Milch
le **chocolat** [ləʃɔkɔla]	der Kakao/die Schokolade
au moins [omwɛ̃]	wenigstens
un **yaourt** [ɛ̃jauʀt]	ein Jogurt
la **récré** *(fam.)* [laʀekʀe] (= la récréation)	die (Schul-)Pause *(ugs.)*
le **café** [ləkafɛ]	der Kaffee
le **fromage** [ləfʀɔmaʒ]	der Käse
le **jambon** [ləʒɑ̃bɔ̃]	der Schinken
le **thé** [ləte]	der Tee

A Il n'y a rien dans le frigo!

un **frigo** [ɛ̃fʀigo]	ein Kühlschrank
devoir faire qc [dəvwaʀfɛʀ]	etw. tun müssen
ranger qc [ʀɑ̃ʒe]	etw. aufräumen
le **travail** [lətʀavaj]	die Arbeit
retourner [ʀətuʀne]	zurückkehren
la **radio** [laʀadjo]	das Radio
mettre la radio fort [mɛtʀ(ə)laʀadjofɔʀ]	das Radio laut stellen
On sonne. [ɔ̃sɔn]	Es (= *jemand*) klingelt.

LEÇON 4

un **voisin**/une **voisine** [ṽvwazẽ/ynvwazin]	ein Nachbar/eine Nachbarin
moins fort [mwẽfɔʀ]	leiser
avoir une petite faim [avwaʀynp(ə)titfẽ]	ein bisschen Hunger haben/bekommen
ne ... plus de ... [nə...plydə]	kein/keine/keinen ... mehr
ne ... pas de ... [nə...padə]	kein/keine/keinen ...
oublier qc [ublije]	etw. vergessen
la **soupe** [lasup]	die Suppe
Beurk! [bœʀk]	Äh! *(Ausdruck des Ekels)*
barrer qc [baʀe]	etw. (durch)streichen
la **purée** [lapyʀe]	das Püree
ajouter qc [aʒute]	etw. hinzufügen
un **hamburger** [ɛ̃ɑ̃buʀɡœʀ]	ein Hamburger
l' **argent** *(m.)* [laʀʒɑ̃]	das Geld

Atelier

4
un **accident** [ɛ̃naksidɑ̃]	ein Unfall
un **exercice** [ɛ̃nɛɡzɛʀsis]	eine Übung

B La dispute

fatigué/fatiguée [fatige]	müde
sortir [sɔʀtiʀ]	hinausgehen/weggehen
Tu rigoles! *(fam.)* [tyʀigɔl]	Du spinnst wohl! *(ugs.)*
la **colère** [lakɔlɛʀ]	die Wut
être en colère [ɛtʀɑ̃kɔlɛʀ]	wütend sein
la **télé** *(fam.)* (= la télévision)	das Fernsehen *(ugs.)*
dormir [dɔʀmiʀ]	schlafen
il faut faire qc [ilfofɛʀ]	man muss etw. tun/wir müssen etw. tun
fermer qc [fɛʀme]	etw. schließen
Les magasins sont fermés.	Die Geschäfte sind/haben geschlossen.
Ça alors! [saalɔʀ]	Das gibt's doch nicht!/Also sag mal! *(Ausdruck des Erstaunens/ der Entrüstung)*

LEÇON 4

C'est le bordel. *(fam.)* [sɛləbɔʀdɛl]	Das ist das totale Chaos. *(ugs.)*
Mon œil! *(fam.)* [mɔ̃nœj]	Wer's glaubt, wird selig!/Von wegen! *(ugs.)*
mentir [mɑ̃tiʀ]	lügen
nul/nulle [nyl/nyl]	blöd/doof/öde
peut-être [pøtɛtʀ]	vielleicht
partir [paʀtiʀ]	weggehen
un répondeur [ɛ̃ʀepɔ̃dœʀ]	ein Anrufbeantworter
un message [ɛ̃mɛsaʒ]	eine Nachricht
Qui a bien pu téléphoner? [kiabjɛ̃pytelefɔne]	Wer hat wohl angerufen?
un enfant [ɛ̃nɑ̃fɑ̃]	ein Kind
le grand-père [ləgʀɑ̃pɛʀ]	der Großvater/Opa
papi *(fam.)* [papi]	Opa *(Anrede für den Opa)*
il faut qc [ilfo]	man braucht etw./wir brauchen etw.
Tu n'as pas voulu faire les courses.	Du wolltest nicht einkaufen gehen.

Atelier

1	les grands-parents *(m., pl.)* [legʀɑ̃paʀɑ̃]	die Großeltern
3	un chat [ɛ̃ʃa]	eine Katze
4	il ne faut pas faire qc [ilnəfopafɛʀ]	man darf/soll etw. nicht tun
	un chewing-gum [ɛ̃ʃwiŋgɔm]	ein Kaugummi
	écouter qn [ekute]	jdm. zuhören
5	A plus! *(fam.)* [aplys]	Bis später!/Tschüs! *(ugs.)*

C Cyberpapi

mieux [mjø]	besser
embrasser qn [ɑ̃bʀase]	jdn. umarmen, *hier:* jdn. lieb grüßen
aider qn [ɛde]	jdm. helfen
les pages jaunes [lepaʒʒon]	die Gelben Seiten
commander qc [kɔmɑ̃de]	etw. bestellen

LEÇON 4

donner qc [dɔne]	etw. geben
une **assiette** [ynasjɛt]	ein Teller
un **couteau**/des **couteaux** [ɛ̃kuto/deckuto]	ein Messer/Messer
une **fourchette** [ynfuʀʃɛt]	eine Gabel
les **infos** *(pl., f.)* (= les informations) [lezɛ̃fo]	die Nachrichten
un **lit** [ɛ̃li]	ein Bett
sentir [sɑ̃tiʀ]	riechen
bon/bonne [bɔ̃/bɔn]	gut
Ça sent bon. [sasɑ̃bɔ̃]	Das riecht (aber) gut.
faire la cuisine [fɛʀlakɥizin]	kochen
gentil/gentille [ʒɑ̃ti/ʒɑ̃tij]	nett
la **vaisselle** [lavɛsɛl]	das Geschirr
faire la vaisselle [fɛʀlavɛsɛl]	abwaschen
énerver qn [enɛʀve]	jdn. nerven

Atelier

2 une **cuillère** [ynkɥijɛʀ] — ein Löffel
passer qc [pase] — etw. geben/reichen
le **sucre** [ləsykʀ] — der Zucker
3 un **journal intime** [ɛ̃ʒuʀnalɛ̃tim] — ein Tagebuch
comme chien et chat [kɔmʃjɛ̃eʃa] — wie Hund und Katze

✎ Was sagen die beiden wohl? Suche in der *Leçon* passende Ausdrücke heraus und trag sie in die Sprechblasen ein.

LEÇON 4

Welche weiteren Äußerungen findest du in der *Leçon*?
Notiere mindestens zwei.

_____

_____

Wie lautet das „Gegenteil"?

entrer ≠ _____

super ≠ _____

arriver ≠ _____

Übersetze die Verben.

ich muss gehen _____

du lügst _____

es klingelt _____

sie vergisst _____

er hört zu _____

wir gehen hinaus _____

ihr schlaft _____

sie helfen _____

29

✎ Beschrifte das Gedeck.

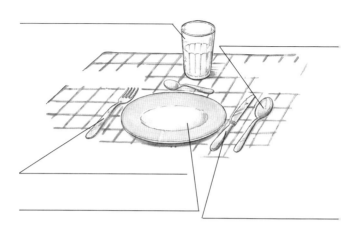

✎ Welche Wortverbindungen geben Sinn? Ordne zu.

| mettre | faire | avoir | être | faire | passer |

_____ en colère

_____ l'eau

_____ la vaisselle

_____ une petite faim

_____ la radio plus fort

_____ la cuisine

LEÇON 4

✎ Welche Wörter kennst du schon, die mit dem Sachfeld *le petit-déjeuner* zu tun haben? Erstelle ein Vokabelnetz. Nenne mindestens acht Wörter.

le petit-déjeuner

✎ Wie sieht dein Frühstück aus? Beschreibe es.

Au petit-déjeuner, je prends …

_____

_____

_____

_____

_____

_____

LEÇON 4

Notiere die Wörter, die du vom Deutschen ableiten kannst.
Nenne drei. Markiere die Unterschiede farbig.

_____   _____

_____   _____

_____   _____

Notiere die Wörter, die du vom Englischen ableiten kannst.
Nenne mindestens vier.

_____   _____

_____   _____

_____   _____

_____   _____

Wie heißt das Wort?
Ergänze die fehlenden Buchstaben: e, ê, é oder è.

r_cr_   _n_rv_r   rang_r

fatigu_   r_pondeur   mi_ux

col_r_   peut-_tr_   g_ntil

✎ Diese Wörter fand ich in *Leçon 4* besonders …

schwer zu merken	interessant

✎ Diese Wörter möchte ich morgen noch einmal wiederholen.

_____   _____

_____   _____

_____   _____

LEÇON 5

TIPP: *Lerne zu Hause an einem Platz, an dem dich nichts und niemand stören kann. Höre keine Musik und lass auch nicht den Fernseher laufen.*

D'abord: Chez les Ravel

Bruxelles [bʀyksɛl]	*Brüssel*
un **cousin**/une **cousine** [ɛ̃kuzɛ̃/ynkuzin]	ein Cousin/eine Cousine
Pâques *(f., pl.)* [pak]	Ostern
un **DVD** [ɛ̃devede]	eine DVD
Bien sûr! [bjɛ̃syʀ]	Natürlich!
des **baskets** *(f., pl.)* [debaskɛt]	Turnschuhe
sous [su]	unter
partir en vacances *(f., pl.)* [paʀtiʀɑ̃vakɑ̃s]	in (die) Ferien/in (den) Urlaub fahren

A Bon voyage!

un **voyage** [ɛ̃vwajaʒ]	eine Reise
le **départ** [lədepaʀ]	die Abfahrt/Abreise
un **billet** [ɛ̃bijɛ]	eine Fahrkarte
un **billet de train** [ɛ̃bijɛdətʀɛ̃]	eine Bahnfahrkarte
changer (de train) [ʃɑ̃ʒe]	umsteigen
une **gare** [yngaʀ]	ein Bahnhof
une **carte d'identité** [ynkaʀtdidɑ̃tite]	ein Personalausweis
La/Le voilà! [la/ləvwala]	Da ist sie/er (ja)!
un **appareil photo** [ɛ̃napaʀɛjfoto]	ein Fotoapparat
le **retard** [ləʀətaʀ]	die Verspätung
être en retard [ɛtʀɑ̃ʀətaʀ]	spät dran sein
une **voie** [ynvwa]	ein Gleis
de quelle voie [dəkɛlvwa]	von welchem Gleis
composter qc [kɔ̃pɔste]	etw. entwerten
un **TGV** (= un **t**rain à **g**rande **v**itesse) [teʒeve]	*frz. Hochgeschwindigkeitszug*

LEÇON 5

une **destination** [yndɛstinasjõ]	eine Richtung/ein Ziel
le **TGV à destination de Paris**	der TGV Richtung Paris
Attention! [atãsjõ]	Achtung!
Attention au départ! [atãsjõodepaʀ]	Vorsicht bei der Abfahrt!
monter (dans qc) [mõte]	(in etw.) einsteigen
l'**arrivée** *(f.)* [laʀive]	die Ankunft

Atelier

1	**petits-enfants** *(m., pl.)* [ləptizãfã]	die Enkel(kinder)
	une **fille** [ynfij]	eine Tochter
5	**être jumelé(e) avec …** [ɛtʀʒymleavɛk]	eine Städte-/Schulpartnerschaft haben mit …

B Fan de Zebda

un **fan**/une **fan** [ɛ̃fan/ynfan]	ein Fan
un **groupe** [ɛ̃gʀup]	*hier:* eine Band/Musikgruppe
préféré/préférée [pʀefeʀe/pʀefeʀe]	Lieblings-
la **BD préférée** [labedepʀefeʀe]	der Lieblingscomic
les **gens** *(m., pl.)* [leʒã]	die Leute
prendre place [pʀãdʀplas]	Platz nehmen
en face de [ãfasdə]	gegenüber von
quelques [kɛlkə]	einige/ein paar
un **magazine** [ɛ̃magazin]	eine Zeitschrift
quel/quelle/quels/quelles [kɛl]	welcher/welche/welches
présenter qc [pʀezãte]	etw. vorstellen
gratuit/gratuite [gʀatɥi/gʀatɥit]	kostenlos
C'est gratuit. [sɛgʀatɥi]	*hier:* Der Eintritt ist frei.
les **Champs-Elysées** [leʃãzelize]	die Champs-Elysées

LEÇON 5

venir [vəniʀ]	kommen
venir de [vəniʀdə]	kommen aus/von
une **équipe** [ynekip]	eine Mannschaft
une **équipe de rugby** [ynekipdəʀygbi]	eine Rugbymannschaft
là-bas [laba]	dort/dorthin
la **direction** [ladiʀɛksjõ]	die Richtung
à droite [adʀwat]	rechts
à gauche [agoʃ]	(nach) links
tout droit [tudʀwa]	geradeaus
le premier/la première/les premiers/les premières … [ləpʀəmje/lapʀəmjɛʀ/lepʀəmje/lepʀəmjɛʀ]	der erste/die erste(n)/ das erste …

Atelier

le **guichet** [ləgiʃɛ]	der Schalter
un **voyageur**/une **voyageuse** [ɛ̃vwajaʒœʀ/ynvwajaʒøz]	ein Reisender/eine Reisende
une **femme** [ynfam]	eine Frau
un **homme** [ɛ̃nɔm]	ein Mann
un **aller simple** [ɛ̃nalesɛ̃pl]	eine (einfache) Fahrkarte
un **aller-retour** [ɛ̃naleʀətuʀ]	eine Rückfahrkarte
le/la deuxième … [lə/ladøzjɛm]	der/die/das zweite …
une **réduction** [ynʀedyksjõ]	eine Ermäßigung/ein Rabatt
une **réservation** [ynʀezɛʀvasjõ]	eine Reservierung
un **non-fumeur** [ɛ̃nõfymœʀ]	ein Nichtraucher
direct/directe [diʀɛkt]	direkt
les **horaires** *(m., pl.)* [lezɔʀɛʀ]	der Fahrplan

C Paris, nous voilà!

descendre [desɑ̃dʀ]	aussteigen/hinuntergehen
descendre du train [desɑ̃dʀdytʀɛ̃]	aus dem Zug aussteigen

LEÇON 5

un **ticket** [ɛtikɛ]	eine Eintrittskarte; *hier:* eine Metrofahrkarte
traverser qc [tʀavɛʀse]	etw. überqueren
loin [lwɛ̃]	weit
de loin [dəlwɛ̃]	von weitem
entendre qc [ɑ̃tɑ̃dʀ]	etw. hören
être pressé(s)/pressée(s) [ɛtʀpʀese]	es eilig haben
attendre qn/qc [atɑ̃dʀ]	auf jdn./etw. warten
à pied [apje]	zu Fuß
perdre qc [pɛʀdʀ]	etw. verlieren
crier [kʀije]	schreien
une **chanson** [ynʃɑ̃sõ]	ein Lied
répondre [ʀepõdʀ]	antworten
Clic! [klik]	Klick!
près de qc [pʀɛdə]	nahe bei/neben etw.
signer qc [siɲe]	etw. unterschreiben; *hier:* etw. signieren/ mit Autogramm versehen
fier/fière [fjɛʀ/fjɛʀ]	stolz
Il est trop tard. [ilɛtʀotaʀ]	Es ist zu spät.
prochain/prochaine [pʀɔʃɛ̃/pʀɔʃɛn]	nächster/nächste/nächstes

Atelier

3	**rater qc** [ʀate]	etw. verpassen
	un **oncle** [ɛ̃nõkl]	ein Onkel
	une **tante** [yntɑ̃t]	eine Tante
5	**Quelle journée!** [kɛlʒuʀne]	Was für ein Tag!

LEÇON 5

Wie lautet das Gegenteil/der „Partner"?. Notiere.

l'arrivée ≠ _____

sur ≠ _____

à droite ≠ _____

loin de qc. ≠ _____

demander ≠ _____

monter ≠ _____

un oncle ≠ _____

un fils ≠ _____

un homme ≠ _____

Welche Vokabeln kannst du vom Englischen ableiten?
Notiere mindestens vier, illustriere zwei davon.

_____   _____

_____   _____

LEÇON 5

Erstelle ein Vokabelnetz zu dem Thema *un voyage en train*.
Notiere mindestens sechs Wörter.

la gare

un billet de train

Die verflixten kleinen Wörter. Übersetze sie.

dort/dorthin _____

geradeaus _____

von weitem _____

nahe bei/neben etw. _____

einige/ein paar _____

LEÇON 5

✎ Suche zwei Verben auf *-dre* heraus.
Notiere hier die entsprechenden Verbformen.

je/j'		
tu		
il/elle/on		
nous		
vous		
ils/elles		

✎ Welche anderen Verben auf *–dre* kennst du noch?
Notiere und übersetze sie.

_____

_____

✎ Ergänze ein Wort aus derselben Wortfamilie.

chanter → _____

un voyage → _____

le départ → _____

l'arrivée → _____

 Zeichne deinen Familienstammbaum. Trage die Verwandtschaftsbezeichnungen ein. Nimm das Heft quer.

LEÇON 5

Was passt zusammen? Verbinde die Wörter zu sinnvollen Ausdrücken und übersetze anschließend.

| en vacances | place | en retard | de train |

être _____

_____

prendre _____

_____

changer _____

_____

partir _____

_____

Welche anderen Verbindungen kennst du noch mit *prendre*? Nenne drei.

_____   _____

prendre

_____

42

LEÇON 5

Vervollständige die Sätze.

Wir **kommen aus** Toulouse.

Nous _____ Toulouse.

Warum **hast du es eilig**?

Pourquoi est-ce que _____ ?

Emma kauft **ihre Fahrkarte am Schalter**.

Emma achète _____ .

Ich spiele **in einer Fußballmannschaft**.

Je joue _____ .

In welche Richtung fährt dieser Zug?

Ce train va _____ ?

Thomas **hört Musik** von Zebda.

Thomas _____ de Zebda.

**Schau dir das Vokabular der *Leçon* noch einmal an.
Notiere ...**
– zwei Wörter, deren Bedeutung du dir schlecht merken kannst.

_____

_____

– zwei Wörter, die schwer zu schreiben sind.

_____

_____

LEÇON 6

TIPP: *Lerne deine Wörter regelmäßig, z. B. jeden Tag 10 Minuten vor dem Zu-Bett-Gehen, vor dem Zähneputzen.*

D'abord: Un racket au collège!

un **racket** [ɛ̃Rakɛt]	eine Erpressung
un **blouson** [ɛ̃bluzɔ̃]	eine Jacke
lui [lɥi]	ihm/ihr
un **coup** [ɛ̃ku]	ein Schlag
prendre qc à qn [pRɑ̃dR]	*hier:* jdm. etw. wegnehmen
le **lendemain** [ləlɑ̃dəmɛ̃]	am Tag darauf
leur [lœR]	ihnen
poser des questions à qn [pozedekɛstjɔ̃a]	jdm. Fragen stellen

A «NON à la violence!»

la **violence** [lavjɔlɑ̃s]	die Gewalt
Vie de classe *(f.)* [vidəklas]	(eine) Verfügungsstunde/Klassen(lehrer)stunde
le **professeur principal**/la **professeur principale** [ləpRɔfɛsœRpRɛ̃sipal/lapRɔfɛsœRpRɛ̃sipal]	der Klassenlehrer/die Klassenlehrerin
excité/excitée [ɛksite]	aufgeregt
demander qc à qn [dəmɑ̃de]	jdn. (nach) etw. fragen
Enfin … si. [ɑ̃fɛ̃si]	Eigentlich … schon.
connaître qn/qc [kɔnɛtR]	jdn./etw. kennen
A qui est-ce que … ? [akiɛskə]	Wem … ?
un **racketteur**/une **racketteuse** [ɛ̃RakɛtœR/ynRakɛtøz]	ein Erpresser/eine Erpresserin
décrire qn/qc [dekRiR]	jdn./etw. beschreiben
un **cheveu**/des **cheveux** [ɛ̃/deʃ(ə)vø]	ein Haar/Haare
blond/blonde [blɔ̃/blɔ̃d]	blond
pour … [puR]	was … angeht

LEÇON 6

un **principal**/une **principale** [ɛ̃pʀɛ̃sipal/ynpʀɛ̃sipal]	ein Rektor/eine Rektorin *(am Collège)*
un **cours** [ɛ̃kuʀ]	eine Unterrichtsstunde
aller voir qn [alevwaʀ]	zu jdm. gehen/jdn. besuchen
quelque chose [kɛlk(ə)ʃoz]	etwas
contre [kõtʀ]	gegen
un **exemple** [ɛ̃nɛgzɑ̃pl]	ein Beispiel
par exemple [paʀɛgzɑ̃pl]	zum Beispiel
un **titre** [ɛ̃titʀ]	ein Titel
mauvais/mauvaise [movɛ/movɛz]	schlecht

Atelier

1 une **ligne** [ynliɲ] — eine Zeile
2 **travailler** [tʀavaje] — arbeiten
3 **gros/grosse** [gʀo/gʀos] — dick
    mince/mince [mɛ̃s] — dünn
    brun/brune [bʀɛ̃/bʀyn] — braun *(Haarfarbe)*
    un **œil**/des **yeux** [ɛ̃nœj/dezjø] — ein Auge/Augen
    des **lunettes** *(f.)* [delynɛt] — eine Brille
    un **piercing** [ɛ̃pɛʀsiŋ] — ein Piercing
4 un **échange** [ɛ̃neʃɑ̃ʒ] — ein Austausch
    un **échange scolaire** [ɛ̃neʃɑ̃ʒskɔlɛʀ] — ein Schüleraustausch
    un **contact** [ɛ̃kõtakt] — ein Kontakt
    prendre contact avec qn [pʀɑ̃dʀkõtaktavɛk] — mit jdm. Kontakt aufnehmen
    une **information** [ynɛ̃fɔʀmasjõ] — eine Information
5 **Cher/Chère** … [ʃɛʀ/ʃɛʀ] — Lieber/Liebe … *(in der Anrede)*
    un **Allemand**/une **Allemande** [ɛ̃nalmɑ̃/ynalmɑ̃d] — ein Deutscher/eine Deutsche
    être **connu/connue** pour qc [ɛtʀkɔny/kɔnypuʀ] — für etw. bekannt sein

LEÇON 6

B Ça te concerne aussi!

concerner qn [kɔ̃sɛʁne]	jdn. angehen/betreffen
une **heure de permanence** [ynœʁdəpɛʁmanɑ̃s]	eine Hohlstunde/Freistunde
Te voilà! [təvwala]	Da bist du ja!
réglé/réglée [ʁegle]	geregelt
dire qc à qn [diʁ]	jdm. etw. sagen
écrire qc à qn [ekʁiʁ]	jdm. etw. schreiben
un **mot** [ɛ̃mo]	ein Wort
une **clé** [ynkle]	ein Schlüssel
un **mot-clé**/des **mots-clés** [ɛ̃mokle/demokle]	ein Schlüsselwort/Schlüsselwörter
la **Belgique** [labɛlʒik]	Belgien
décrire qc à qn [dekʁiʁ]	jdm. etw. beschreiben
excellent/excellente [ɛksɛlɑ̃/ɛksɛlɑ̃t]	hervorragend
lire qc [liʁ]	etw. lesen
prendre des notes [pʁɑ̃dʁdenɔt]	sich Notizen machen
pendant ce temps [pɑ̃dɑ̃s(ə)tɑ̃]	währenddessen
un **exposé** [ɛ̃nɛkspoze]	ein Referat/Vortrag
une **victime** [ynviktim]	ein Opfer
être victime [ɛtʁviktim]	Opfer sein
parler (de qc) à qn/avec qn	mit jdm. (über etw.) sprechen
De quoi …? [dəkwa]	Wovon …?

C Notre projet contre la violence

chaque/chaque [ʃak]	jeder/jede/jedes
un **résultat** [ɛ̃ʁezylta]	ein Ergebnis/Resultat
il explique que … [ilɛkspikə]	er erklärt, dass …
plusieurs [plyzjœʁ]	mehrere
une **langue** [ynlɑ̃g]	eine Sprache
partout [paʁtu]	überall
autre [otʁ(ə)]	anderer/andere/anderes
un **sketch** [ɛ̃skɛtʃ]	ein Sketch

LEÇON 6

un **pour cent** [ɛ̃puRsɑ̃]	ein Prozent
une **année** [ynane]	ein Jahr
le **respect** [ləRɛspɛ]	die Rücksichtnahme
changer qc [ʃɑ̃ʒe]	etw. ändern/verändern
respecter qn/qc [Rɛspɛkte]	jdn./etw. respektieren/achten
une **scène** [ynsɛn]	eine Szene
demander si … [dəmɑ̃de]	fragen, ob …
répondre que … [Repɔ̃dRkə]	antworten, dass …
content/contente [kɔ̃tɑ̃/kɔ̃tɑ̃t]	glücklich/zufrieden
être content de qn/qc [ɛtRkɔ̃tɑ̃də]	mit jdm./etw. zufrieden sein
penser de qc [pɑ̃sedə]	über etw. denken
Qu'est-ce que vous avez pensé du projet?	Wie habt ihr das Projekt gefunden?
important/importante [ɛ̃pɔRtɑ̃/ɛ̃pɔRtɑ̃t]	wichtig
Le sketch m'**a plu**.	Der Sketch hat mir gefallen.
utile/utile [ytil]	nützlich
surtout [syRtu]	vor allem/besonders
ouvert/ouverte [uvɛR/uvɛRt]	offen
une **journée portes ouvertes** [ynʒuRnepɔRtuvɛRt]	ein Tag der offenen Tür

Atelier

2
un **avis** [ɛ̃navi]	eine Meinung/Ansicht
donner son avis [dɔnesɔnavi]	seine Meinung sagen
à mon avis [amɔnav]	meiner Meinung nach
Je suis de ton avis.	Ich bin deiner Meinung.
ne … pas du tout [nə…padytu]	überhaupt nicht

4
un **sujet** [ɛ̃syʒɛ]	ein Thema
après (ça) [apRɛ(sa)]	danach/dann
les **statistiques** *(f., pl.)*	die Statistik
la **conclusion** [lakɔ̃klyzjɔ̃]	der Schluss/die Schlussfolgerung
en conclusion *(f.)* [ɑ̃kɔ̃klyzjɔ̃]	zum Schluss

LEÇON 6

✎ Markiere alle Adjektive mit gelbem Textmarker.
Notiere und übersetze fünf Adjektive, die dir schwierig erscheinen.

_____

_____

_____

_____

_____

✎ Die verflixten kleinen Wörter. Übersetze.

etwas _____

gegen _____

währenddessen _____

jede/r/s _____

mehrere _____

überall _____

andere/r/s _____

vor allem/besonders _____

dann/danach _____

LEÇON 6

Suche zwei Verben heraus und konjugiere sie.

je/j'		
tu		
il/elle/on		
nous		
vous		
ils/elles		

Welche Verben hat deine Mitschülerin/dein Mitschüler notiert?

Beschreibe die Personen.

LEÇON 6

✎ **Verbinde die Wörter zu sinnvollen Wortverbindungen.**

poser — contact avec qn
prendre — voir qn
donner — des notes
aller — des questions
prendre — son avis

✎ **Welche Wörter kennst du, die mit *Gewalt* zu tun haben?**

la violence

✎ **Notiere ein Wort aus derselben Wortfamilie.**

le travail → _____

changer → _____

écrire → _____

le respect → _____

la réponse → _____

✎ **Notiere mindestens vier Wörter, die du vom Englischen ableiten kannst.**

_____   _____

_____   _____

LEÇON 7

> **TIPP:** *Lerne die Wörter in deinem Vokabellernheft. Markiere die Wörter, die dir Probleme machen, mit einem Sternchen. Lerne später deine Sternchen-Wörter in einem eigenen Durchgang.*

D'abord: Un scooter à 14 ans

un **scooter** [ɛ̃skutœʀ]	ein Roller/Motorroller
tout le/tous les/toute la/ toutes les … [tulə/tule/tutla/ tutle]	der/die/das ganz(e)/alle … *(Begleiter)*
toute la journée [tutlaʒuʀne]	den ganzen Tag
tous les garçons [tulegaʀsɔ̃]	alle Jungen
les garçons de mon âge [legaʀsɔ̃dəmɔ̃naʒ]	die Jungen in meinem Alter
lui [lɥi]	er *(betont)*

Tout le monde a un scooter!

le **monde** [ləmɔ̃d]	die Welt
tout le monde [tul(ə)mɔ̃d]	jeder/alle (Leute)
en vélo [ɑ̃velo]	mit dem Fahrrad
être vexé/vexée [ɛtʀvɛkse]	gekränkt/beleidigt sein
coûter cher [kuteʃɛʀ]	teuer sein/viel (Geld) kosten
ne … pas non plus [nə…panɔ̃ply]	auch nicht
dangereux/dangereuse [dɑ̃ʒ(ə)ʀø/dɑ̃ʒ(ə)ʀøz]	gefährlich
triste/triste [tʀist]	traurig
mentir à qn [mɑ̃tiʀ]	jdn. anlügen/belügen
sauf [sof]	außer
sauf moi [sofmwa]	außer mir
gagner de l'argent [gaɲedəlaʀʒɑ̃]	Geld verdienen
vendre qc [vɑ̃dʀ]	etw. verkaufen
offrir qc à qn [ɔfʀiʀ]	jdm. etw. schenken/anbieten

LEÇON 7

l'**aide** (f.) [lɛd]	die Hilfe
offrir son aide à qn [ɔfʀiʀsɔ̃nɛd]	jdm. seine Hilfe anbieten
un **garage** [ɛ̃gaʀaʒ]	eine Werkstatt/Autowerkstatt
une **poche** [ynpɔʃ]	eine (Hosen-)Tasche
l'**argent** (m.) **de poche** [laʀʒɑ̃d(ə)pɔʃ]	das Taschengeld
ne … jamais [nə…ʒamɛ]	nie/niemals
assez [ase]	genug
assez de … [asedə]	genug …
quand [kɑ̃]	wenn/als
C'est toujours la même chose avec vous!	Es ist immer dasselbe mit euch!
ouvrir qc [uvʀiʀ]	etw. öffnen

Atelier

2	un **hôtel-restaurant** [ɛ̃nɔtɛlʀɛstɔʀɑ̃]	ein Hotel mit Gaststätte
4	un **hôtel de ville** [ɛ̃nɔtɛldəvil]	ein Rathaus *(einer größeren Stadt)*
5	**offrir un verre à qn** [ɔfʀiʀɛ̃vɛʀ]	jdn. auf ein Glas einladen
10	**Désolé!/Désolée!** [dezɔle]	Es tut mir Leid!
	la **poste** [lapɔst]	die Post

✎ Markiere alle männlichen Nomen mit blauem und alle weiblichen Nomen mit rotem Textmarker.

✎ Wie lautet das „Gegenteil"?

content ≠ _____

acheter qc ≠ _____

toujours ≠ _____

fermer ≠ _____

LEÇON 7

✎ Du lernst zwei *Verneinungen* in der *Leçon* kennen.
Notiere sie.

_____   _____

✎ Welche weiteren *Verneinungen* kennst du bereits.
Notiere vier.

_____   _____

_____   _____

✎ Bilde nun mit vier *Verneinungen* je einen Satz.

_____

_____

_____

_____

_____

_____

_____

_____

✎ Markiere das Wort, das *nicht* in die Reihe *passt*.

ouvrir	offrir	quand
en vélo	assez	en voiture
sauf	dangereux	triste
l'aide	la poche	le monde

53

LEÇON 7

✎ Welche Wörter kennst du, die mit dem Sachfeld *la ville* zu tun haben? Schaue auch in der *Liste des mots* nach. Nenne mindestens sechs.

(la ville)

✎ Beschreibe die Gefühle des Kindes. Zwei passende Adjektive findest du in der *Leçon*.

_____

_____

_____

✎ Mit welchen Wörtern hast du noch Probleme? Notiere sie und wiederhole sie morgen.

_____   _____

_____   _____

LÖSUNGEN

Leçon 1
1. un maillot de bain, un pantalon, une jupe
   zusätzliche Wörter une casquette, un pull
2. Sportarten s. Schülerbuch S. 128.
3. nous nageons, elle va chercher qc., je fais du shopping, ils/elles font du camping, vous faites du sport
4. Je ne te comprends pas. Ça m'est égal. C'est nul. Ça vous intéresse?
5. passer les vacances, aimer le camping, faire du shopping
6. Beispiele: camping, groupe, tennis, judo, sport, ski, rugby
7. une tente, des vacances, un cheval, un dessin, un vélo, un groupe

Leçon 2
2. une voiture, bizarre, une porte, une fois
3. s. Schülerbuch S. 131/132
4. prendre le petit-déjeuner, voler, avoir peur
5. la police, le commissariat de police, le commissaire, arrêter qn, accuser qn, interroger qn, une enquête/faire une enquête
6. weibliche Formen s. im Vokabular
7. alle Sätze s. im Vokabular
8. sans, entre, derrière, hier, vers, à cause de toi, une fois
9. Verben s. im Vokabular
10. le fils, une dispute avec maman, ne veut pas manger, est la vérité, accuse Frédéric dans une lettre anonyme

Leçon 3
1. être à la mode, avoir raison, faire une affaire
   Wortverbindungen s. *Liste des mots.*
2. Farben s. S. 134/135 im Vokabelverzeichnis, „Problem"-Farbe: blanc/blanche
3. voir, plaire, essayer
4. – Adjektive männlich + weiblich gleich:
   fantastique, facile, moche, sympa
   – Adjektive verschieden: insgesamt 7 Adjektive ohne Farbadjektive
   – unregelmäßig: nouveau und beau
   evtl. génial (wegen des Plurals)

LÖSUNGEN

5. pendant, en ce moment, cet après-midi, pendant des heures
6. mots-images
7. Kleidungsstücke s. S. 135 + in L 1, Bd. 2
8. le magasin:
   la cabine, la caisse, le client, la vendeuse, les vêtements, la vitrine
9. Qu'est-ce que vous désirez? Quelle est votre taille? Quelle est votre pointure? Ce pantalon coûte combien? La robe me va bien?

Leçon 4

1. 1. Mon œil!, 2. Beurk!
2. Tu rigoles! A plus! Ça alors! Ça sent bon.
3. sortir, nul/nulle, partir
4. je dois partir, tu mens, on sonne, elle oublie, il écoute, nous sortons, vous dormez, elles/ils aident
5. un verre (bekannt), une cuillère, une assiette, un couteau, une fourchette
6. être …, passer …, faire …, avoir …, mettre …, faire …
7. Wörter s. S. 140.
8. le thé, la soupe, la purée, la radio
9. accident, thé, retourner, message, télé, chat, chewing-gum
10. récré, énerver, ranger, fatigué, répondeur, mieux, colère, peut-être, gentil

Leçon 5

1. le départ, sous, à gauche, près de qc., répondre, descendre, une tante, une fille, une femme
2. présenter, fan, attention, carte d'identité, réduction, signer
3. Wortschatz auf S. 146, 148, 149
4. là-bas, tout droit, de loin, près de qc., quelques
5. répondre, perdre, attendre, entendre, descendre, z. B.: j'attends, tu attends, il attend, elle attend, on attend, nous attendons, vous attendez, ils/elles attendent
6. s. 5.
7. une chanson, un voyageur, partir, arriver
8. Neu: un oncle, une tante, les petits-enfants, une fille restliche Vokabeln: SB 2, L4; SB 1 diverse Lektionen